Le courage de Terry Fox

Maxine Trottier

Texte français de
Louise Binette

Éditions Scholastic

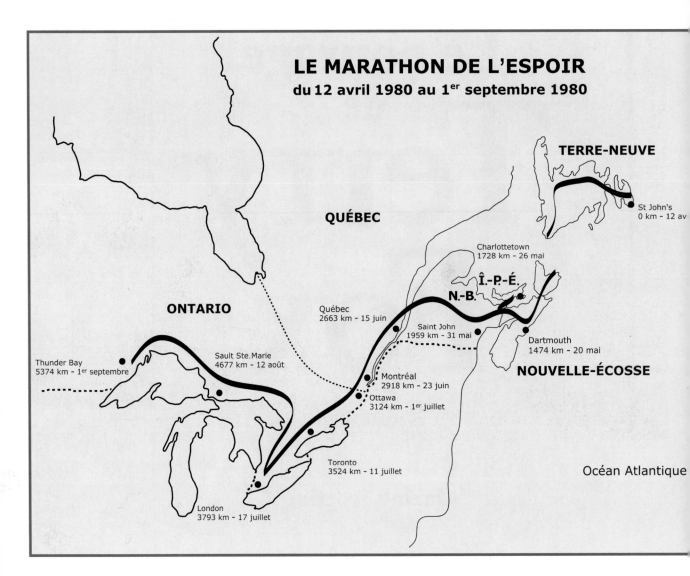

LE MARATHON DE L'ESPOIR
du 12 avril 1980 au 1er septembre 1980

TERRE-NEUVE

QUÉBEC

ONTARIO

St John's
0 km – 12 av

Charlottetown
1728 km – 26 mai

Î.-P.-É.

N.-B.

Québec
2663 km – 15 juin

Saint John
1959 km – 31 mai

Dartmouth
1474 km – 20 mai

Thunder Bay
5374 km – 1er septembre

Sault Ste.Marie
4677 km – 12 août

Montréal
2918 km – 23 juin

Ottawa
3124 km – 1er juillet

NOUVELLE-ÉCOSSE

Toronto
3524 km – 11 juillet

Océan Atlantique

London
3793 km – 17 juillet

Terry adorait les enfants. L'épreuve du cancer lui a permis de découvrir qu'ils étaient beaucoup plus courageux que lui, qu'ils ne renonçaient jamais et qu'ils trouvaient toujours le moyen de sourire. Ce livre est dédié à ces enfants qui incarnent l'espoir et aux jeunes qui ont acclamé Terry de St. John's (Terre-Neuve) à Thunder Bay (Ontario). Il est dédié aux enfants de ces enfants qui liront cette histoire. Terry a appris à poursuivre de grands rêves grâce à des enfants comme vous. Ne doutez jamais de ses paroles : « Si l'on s'en donne la peine; tout est possible… on peut même réaliser ses rêves. »

Darrell Fox, août 2005

L'espoir ne fait pas beaucoup de bruit. Il suffit de croire en son rêve, aussi longue et ardue que soit la route pour l'atteindre. L'espoir, c'est un jeune homme qui parcourt le Canada pour aider à trouver un traitement contre une maladie qui cause tant de souffrances. C'est l'écho de ses pas résonnant sur une route déserte juste avant l'aube. L'espoir, c'est l'histoire de Terry Fox.

« Maman, je vais traverser le Canada à la course. »

9 MONTH'S OLD

Terry Fox est né le 28 juillet 1958 à Winnipeg, au Manitoba. Cette photo de lui à l'âge de neuf mois a été prise devant la résidence des Fox, sur l'avenue Gertrude. Terry deviendra un garçon déterminé. Déjà, alors qu'il n'est encore qu'un bambin, on devine chez lui la persévérance dont il fera preuve devant les défis auxquels il sera confronté.

Tout commence de façon très ordinaire par la naissance du fils de Rolly et de Betty Fox, Terry. Inlassablement, le bambin construit des tours avec ses cubes et joue avec ses petits soldats. Pendant les rudes hivers à Winnipeg, il fait des bonshommes de neige avec son jeune frère, Darrell, et regarde trottiner sa petite sœur Judith dans la maison. Il participe aux pique-niques en famille et marche jusqu'à l'école avec son frère aîné, Fred.

Étrennant des cardigans assortis et des pantalons confectionnés par leur grand-mère, Terry, âgé de quatre ans (à droite), et son frère Fred posent devant le sapin de Noël.

Winnipeg, Man.
Novemeber 29, 1964

Dear Santa Claus,
    For Christmas I would like you
to bring me a Battleground play set
+ a Johnny Seven gun.
    My little brother Darrell would
like a train pull toy.
    Merry Christmas to you.
My address is 27 Camrose Bay
                    Thank You
                    Terry Fox

La lettre au père Noël que Terry a dictée à sa mère à l'âge de six ans montre qu'il ne pense pas qu'à lui, mais aussi à son petit frère, Darrell.

Un portrait de la famille Fox, tout sourire. Dans le sens des aiguilles d'une montre, à partir de la gauche : Terry âgé de 10 ans, son père Rolly, Fred (11 ans et demi), Darrell (6 ans), Judith (3 ans) et Betty, leur mère, au centre. Celle-ci était travailleuse au foyer; plus tard, elle travaillera à temps partiel dans une boutique de cartes. Rolly était aiguilleur pour le chemin de fer Canadien National.

La séance de photographie, chaque année, était l'occasion pour les enfants de la famille Fox de se mettre sur leur trente et un. Sur celle-ci, Terry a 10 ans.

Terry lance la balle à sa mère, au parc. Fred est le receveur.

Les enfants de la famille Fox : Terry se trouve à droite. À cette époque-là, la famille habitait à Port Coquitlam. Les enfants adoraient jouer durant des heures dans l'immense champ derrière leur maison de la rue Morrill. Terry aimait également aller sur les berges de la rivière Coquitlam. Il allait à l'école à pied et rentrait dîner chez lui tous les jours; il raffolait du pain et de la confiture.

La carte d'étudiant de Terry en huitième année à l'école Mary Hill, en 1971-1972. C'est cette année-là qu'il s'est lié d'amitié avec un camarade de classe, Doug Alward. Les deux garçons, plutôt timides et menus, partageaient une passion pour la biologie et les sports de compétition.

Sur cette photo prise par Rolly en 1973, juste avant Noël, la famille Fox se tient devant le foyer du salon. Terry se trouve à l'extrême droite.

« J'aime les défis. Je n'abandonne pas. »

Puis survient le déménagement en Colombie-Britannique. Port Coquitlam est l'endroit idéal pour élever les enfants de la famille Fox. Pour Terry, ce sont les bagarres amicales avec son père et ses frères, et la cueillette des bleuets l'été afin d'économiser pour s'acheter des vêtements, un vélo ou des fournitures scolaires. Il profite également de périodes plus calmes au cours desquelles il s'amuse seul durant des heures. L'école, ce n'est pas que le travail; c'est aussi de nouveaux amis. Un garçon nommé Doug Alward se lie d'amitié avec Terry; ils resteront proches durant toute leur vie.

Dans la cour arrière de la maison familiale, Terry, âgé de neuf ans, exhibe fièrement le trophée qu'il a gagné avec son équipe de baseball, les Braves. Terry était lanceur, receveur et premier-but.

Terry était un grand adepte des sports. Le voici en compagnie de son équipe de soccer peewee, en 1971, à Port Coquitlam. Terry est troisième à partir de la droite, et Doug Alward est debout à côté de lui, derrière le joueur qui tient le ballon.

Enfin, il y a les sports.

Terry joue au soccer, au baseball et au rugby. Il participe à des compétitions d'athlétisme et se lance dans le cross-country, mais ce qu'il souhaite par-dessus tout, c'est jouer au basketball. Terry n'a pas d'aptitudes pour ce sport; pourtant, il s'accroche à son rêve. Durant tout l'été qui précède sa neuvième année, il joue à un contre un avec Doug. Cet automne-là, il court jusqu'à l'école tous les matins et reste tard après la classe pour s'entraîner. La persévérance, caractéristique des Fox, porte fruit. L'année suivante, Terry est accepté au sein de l'équipe de basketball de l'école et,

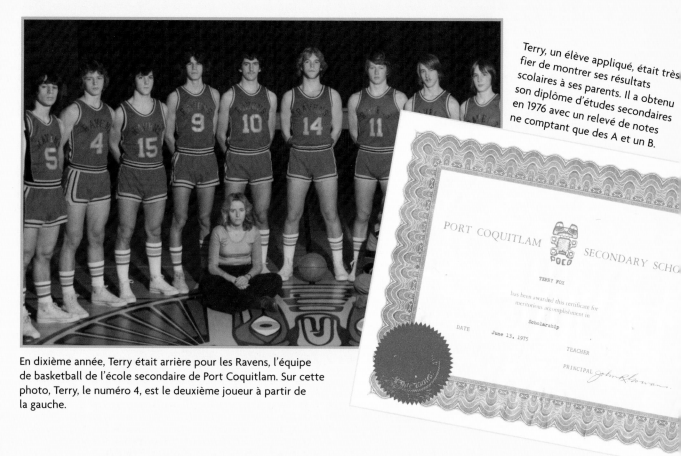

PORT COQUITLAM SECONDARY SCHO

TERRY FOX

has been awarded this certificate for meritorious accomplishment in

Scholarship

DATE   June 13, 1975

TEACHER

PRINCIPAL

En dixième année, Terry était arrière pour les Ravens, l'équipe de basketball de l'école secondaire de Port Coquitlam. Sur cette photo, Terry, le numéro 4, est le deuxième joueur à partir de la gauche.

lorsque Doug et lui obtiennent leur diplôme d'études secondaires, tous deux se partagent le titre d'athlète de l'année. Terry s'inscrit à l'université; plus combatif que jamais, il se joint à l'équipe de basketball de l'établissement. Il songe à devenir professeur d'éducation physique au secondaire. L'avenir lui sourit. La vie est belle.

« Mon père et ma mère n'aimaient pas que je me lève tôt pour aller jouer au basketball à l'école... Je me sauvais quand il faisait encore noir avec mes livres et mes vêtements à moitié boutonnés. »

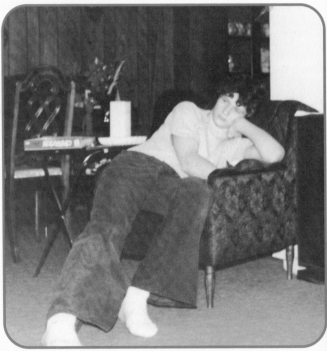

La carte d'étudiant de Terry, à l'Université Simon Fraser.

La piste et le complexe nautique de l'Université Simon Fraser, où Terry était inscrit en kinésiologie à l'automne 1976. Athlète accompli, Terry s'est aussi joint à l'équipe de basketball de deuxième division.

Plus tard, Terry se repose dans la pièce de devant, allongeant sa jambe droite qui le fait souffrir.

Noël 1976 : Judith, Terry et Betty à la maison. Terry et Judith font une partie d'« Opération ».

Puis, en novembre 1976, Terry éprouve une douleur au genou droit. Il essaie de ne pas en tenir compte et continue à jouer au basketball, mais en mars, la douleur devient insupportable. Son père le conduit à l'hôpital, où il subit des radiographies et une scintigraphie osseuse. Accompagné de sa famille, il apprend le résultat des examens : il est atteint d'un cancer des os. Il faudra lui amputer la jambe le plus tôt possible. En un instant, la vie de Terry bascule.

Au début, il pleure en pensant à ce qui lui arrive et à ce qu'il devra affronter, mais il se ressaisit. Ce n'est qu'un défi de plus à relever. Il a travaillé fort pour atteindre ses objectifs, et il peut y arriver de nouveau, même si cela signifie le faire avec une seule jambe. Il ne laissera personne le prendre en pitié, pas plus qu'il ne s'apitoiera sur son sort.

La lutte de Terry contre le cancer a commencé.

« Personne ne pourra jamais dire que j'ai baissé les bras. »

Terry avait 18 ans quand il a appris qu'il souffrait d'un type de cancer appelé ostéosarcome ostéogénique et a dû se faire amputer la jambe. Moins d'un mois après son opération, Terry était de retour à la maison et marchait à l'aide d'une prothèse temporaire et de béquilles. Il ne s'est pas servi de ces béquilles bien longtemps.

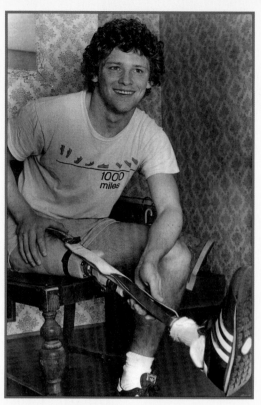

La prothèse de Terry était dotée de sangles, et faite d'acier et de fibre de verre. Il a franchi, avec cette jambe artificielle, les deux tiers de la distance à parcourir à travers le Canada.

Six jours plus tard, on lui ampute la jambe et, en quelques semaines seulement, Terry apprend à marcher à l'aide d'une prothèse temporaire. Il commence sa chimiothérapie à la clinique d'oncologie. Pour Terry, ce sont des mois difficiles. La souffrance dont il est témoin là-bas l'afflige profondément. Une fois ses traitements terminés, Terry quitte l'hôpital complètement transformé. Il est convaincu qu'il a maintenant une dette à payer et il souhaite consacrer sa vie à encourager ceux qui ont été frappés par le cancer. La veille de son opération, il a lu un texte portant sur un athlète

Le numéro de *Runner's World* dans lequel a paru l'article que Terry a lu sur Dick Traum, coureur unijambiste ayant participé au marathon de New York. « J'étais couché dans mon lit d'hôpital et je fixais le magazine en me disant que s'il pouvait y arriver, je le pouvais aussi. »

unijambiste qui a couru le marathon de New York. Il a été rempli non seulement d'admiration, mais également d'espoir. Il caresse maintenant un nouveau rêve qu'il garde secret pour l'instant.

Terry Fox a décidé qu'un jour, il parcourra le Canada d'un bout à l'autre afin d'amasser des fonds pour la recherche contre le cancer.

« C'est ça, le cancer. Je ne suis pas le seul. Ça arrive continuellement à des tas de gens. »

Terry a subi 16 mois de chimiothérapie. Il a perdu ses cheveux et, souvent, il se sentait faible et avait la nausée. Durant cette période, Rick Hansen l'a invité à jouer au basketball en fauteuil roulant et Terry s'est empressé de relever le défi. Dans cette image provenant d'un film vidéo, Terry tire un ballon dans le gymnase de l'Université Simon Fraser.

Ici, Terry reçoit le trophée du championnat canadien de basketball en fauteuil roulant en 1978, au nom de son équipe, les Cablecars de Vancouver.

Le 30 août 1979, Terry s'est rendu dans le nord de la Colombie-Britannique avec Doug, Darrell et quelques amis afin de participer à une course de 28 kilomètres à Prince George. Il a marqué un temps de trois heures et neuf minutes, seulement dix minutes de plus que le dernier coureur sur deux jambes.

Il commence l'entraînement. Le basketball en fauteuil roulant renforce à la fois la partie supérieure de son corps et sa détermination. Puis vient la course. En repoussant ses limites un peu plus chaque fois, Terry acquiert de l'endurance et augmente sa force. Le jour où il franchit plus d'un kilomètre représente un triomphe inouï pour lui. Deux pas avec sa jambe gauche et un pas avec sa jambe artificielle. Encore et encore et encore. La prothèse frotte contre son moignon meurtri et sanguinolent, ses os sont contusionnés, ses pieds sont couverts de vilaines cloques et ses ongles d'orteils tombent, mais il n'abandonne pas. Lorsque Terry participe à sa première et seule course sur longue distance, il réussit à terminer l'épreuve, même s'il finit dernier. C'est le plus grand jour de sa vie. Il sait maintenant qu'il peut traverser le Canada à la course.

« J'y allais une étape à la fois. Franchis ce kilomètre, atteins ce panneau, tourne ce coin et prends ce virage.... C'était tout ce que j'avais dans la tête. »

Terry commence à écrire des lettres qui viennent du fond du cœur pour solliciter un appui. Il s'entraîne plus dur que jamais, s'aguerrissant en prévision de ce qui l'attend, faisant fi de la douleur, élaborant des plans et ne perdant jamais son rêve de vue. Pendant des mois, il continue à courir sur les pistes, en bordure des routes, en haut et en bas des collines, franchissant plus de 5 000 kilomètres. Enfin, il est prêt.

Voici un extrait de la première lettre que Terry a écrite, avec l'aide de son amie Rika Noda. Betty Fox a aussi aidé Terry à rédiger et à envoyer d'autres lettres, notamment à Ford, à la Compagnie Pétrolière Impériale et à Adidas. Celles-ci ont accepté de fournir la fourgonnette, l'essence, les chaussures, des bons pour la nourriture et de l'argent pour le marathon et, bien que Terry ait apprécié leur aide, il a toujours refusé catégoriquement de s'associer à toute publicité. Il a même insisté pour ne porter que des vêtements sans logo.

[Traduction]
J'ai été profondément ébranlé en prenant conscience de la souffrance qui imprégnait la clinique d'oncologie... Je ne pouvais pas repartir en sachant que ces visages et cette douleur existeraient toujours. La souffrance doit cesser quelque part... et j'étais déterminé à aller au bout de moi-même pour cette cause.

Je me sens fort non seulement physiquement, mais aussi, plus important encore, sur le plan émotionnel. Bientôt, j'ajouterai un mille par semaine à la distance que je parcours et, grâce aux exercices de musculation que je fais déjà, je serai prêt, en avril prochain, à réaliser ce qui n'était pour moi qu'un rêve lointain réservé au monde des miracles : traverser le Canada à la course afin d'amasser des fonds pour la lutte contre le cancer.

Courir, ça, je peux le faire, même si je dois ramper pour franchir les derniers milles. Nous avons besoin de votre aide. Les patients dans les cliniques d'oncologie du monde entier ont besoin de gens qui croient aux miracles.

Terry Fox, octobre 1979

« **La souffrance doit cesser quelque part... Je suis déterminé à aller au bout de moi-même pour cette cause.** »

Pendant que Terry courait, il comptait les poteaux de téléphone pour l'aider à oublier que son pied et son moignon le faisaient souffrir. Il calculait la distance parcourue en milles, le système métrique n'étant entré en vigueur qu'en 1977 au Canada. Un mille équivaut à 1,6 kilomètre; Terry a donc franchi un total de 5084 kilomètres au cours de son entraînement.

Le matin du 12 avril 1980, jour où Terry a amorcé le Marathon de l'espoir, il a apporté deux cruches vides sur le rivage de Terre-Neuve afin de les remplir de l'eau de l'Atlantique. Il avait l'intention de vider l'une d'elles dans le Pacifique à la fin du marathon et de garder l'autre en souvenir. Mais les vagues ont emporté l'une des cruches. Celle qu'il a pu remplir se trouve aujourd'hui dans la maison de ses parents. En compagnie de Doug et sous les yeux de quelques curieux, Terry s'est penché pour toucher les galets, puis a trempé sa jambe artificielle dans l'eau du port, au pied de la rue Temperance, à St. John's. Il a ensuite gravi la pente abrupte en gravier jusqu'à la route. Le Marathon de l'espoir venait de commencer.

Ceux qui se trouvaient à St. John's, à Terre-Neuve, ce matin froid et venteux d'avril 1980, ont vu un jeune homme tremper sa jambe artificielle dans l'océan Atlantique. Ils ont vu Terry Fox se mettre en route. Ils ont été témoins des premiers instants d'un incroyable périple : le Marathon de l'espoir.

Carte postale de Terry adressée à sa mère, son père et Judith. Elle porte le cachet de la poste de Moncton, N.-B., et est datée du 30 mai 1980. On y lit :
« Bonjour, j'espère que vous allez bien. J'ai réussi à atteindre Charlottetown, I.-P.-É. C'est la plus belle région jusqu'à maintenant. Des gens m'attendaient à l'extérieur de la ville et m'ont accompagné sur les 15 kilomètres qui m'en séparaient. Terre-Neuve a maintenant recueilli 40 000 $! Terry »

« J'essaie d'amasser autant d'argent que possible. »

Doug, l'ami de Terry, conduit la fourgonnette offerte à titre gracieux. À l'intérieur se trouvent leur équipement, la nourriture, les chaussures de course, trois jambes de rechange et certaines pièces en cas de bris. Jour après jour, beau temps, mauvais temps, en forme ou pas, Terry court. Un kilomètre à la fois, tandis que Doug l'attend dans la fourgonnette un peu plus loin, Terry traverse Terre-Neuve et la Nouvelle-Écosse. Ça n'a rien de facile, mais chaque pas le rapproche de la côte ouest du Canada, de chez lui, de la victoire contre le cancer. Et il court, de l'aube jusqu'au crépuscule, traversant l'Île-du-Prince-Édouard, puis le Nouveau-Brunswick, où son frère Darrell se joint à eux. Il sillonne les routes du Québec et de l'Ontario. Les kilomètres et les dons s'accumulent.

Carte postale de Terry adressée à ses parents et à Judith. Elle porte le cachet de la poste de Fredericton, N.-B., et est datée du 4 juin 1980. Terry parle du « seau », le manchon de fibre de verre qui recouvre son moignon : « Bonjour! J'espère que vous allez bien. C'est formidable que Darrell soit ici. J'ai une semaine pénible. Le seau ne convient pas vraiment. J'ai mal! Plus que 24 kilomètres avant Fredericton, à présent. J'espère que je pourrai le faire arranger là-bas. Terry »

Doug suit Terry en fourgonnette. Jusqu'à ce qu'ils atteignent l'Ontario et qu'une escorte de police soit mise à la disposition de Terry, c'étaient Doug et Darrell, 17 ans, qui veillaient à la sécurité de Terry sur la route. Chaque journée était éprouvante. Des repas copieux, composés de crêpes, de hamburgers, de frites, de haricots et de riz, nourrissaient le corps de Terry et lui donnaient de l'énergie. L'argent qu'il amassait nourrissait son esprit.

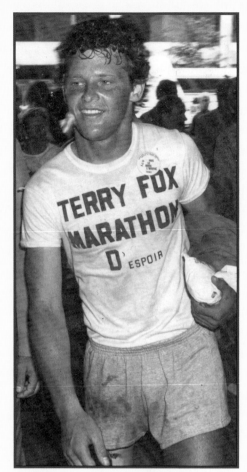

En arrivant à Montréal, au Québec, Terry arborait un t-shirt portant le nom de son marathon, version française.

« Certains jours, c'était si difficile de me mettre en route; parfois, la douleur était accablante. »

Pendant 143 jours, Terry a parcouru en moyenne 41 kilomètres par jour, l'équivalent d'un marathon. Alors que Doug conduisait la fourgonnette, Darrell zigzaguait parmi les automobilistes et recueillait leurs dons.

Terry court sur University Avenue, à Toronto. Des milliers de personnes étaient sorties pour le voir. Il a essayé de leur répondre d'un signe de la main que Darrell appelait « un salut à la Terry ».

Terry ne se contentait pas de courir. Au cours des mois qu'il a passés sur la route, il a prononcé des dizaines de discours et donné d'innombrables coups de téléphone; il assistait aussi à des réceptions et accordait des entrevues. C'était souvent épuisant, mais cela contribuait à amasser plus d'argent. Au square Nathan Phillips à Toronto, le capitaine des Maple Leafs, Darryl Sittler, a remis à Terry son chandail de l'équipe d'étoiles de la LNH de 1980. Ce jour-là, Terry a amassé 100 000 $. Malgré le temps lourd de l'été, il a ensuite couru vers le sud jusqu'à London, puis est reparti vers le nord. Le 28 juillet, il est arrivé à Gravenhurst, où on l'a accueilli en célébrant son 22e anniversaire.

Partout où il va, l'enthousiasme et la sympathie des Canadiens ne se démentent pas. Les gens applaudissent et encouragent Terry à l'aide de banderoles et d'affiches. Certains pleurent en le voyant passer, intensément concentré, alors que d'autres se tiennent debout en silence, émus par son courage et la cause qu'il défend. Au pays, tous les yeux sont rivés sur ce jeune homme dont chaque pas témoigne qu'on peut vaincre le cancer et qu'il y a de l'espoir. Terry n'a que faire de sa nouvelle célébrité. Il ne garde pas un cent de l'argent amassé. Tout ce qu'il demande, c'est un dollar par Canadien. Un dollar. Terry Fox parcourt le Canada d'un bout à l'autre et va réussir. Jamais il n'a été aussi heureux.

« Si vous avez donné un dollar, vous faites partie du Marathon de l'espoir. »

Le 27 août, Terry a eu l'occasion de se détendre, ce qui lui arrivait rarement. Le voici après une baignade avec un jeune amputé de 10 ans, Greg Scott, au bord du lac Jackfish, non loin de Thunder Bay.

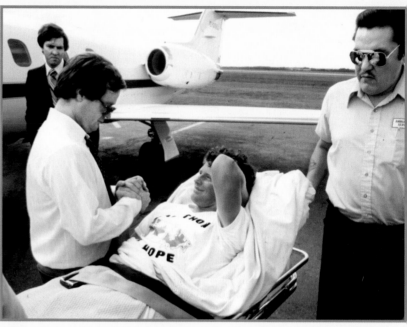

Le 2 septembre, Terry est allongé sur une civière en attendant d'embarquer dans le petit avion qui le ramènera chez lui, en Colombie-Britannique, où il devra subir d'autres traitements. Il parle à Bill Vigars, qui travaillait pour la Société canadienne du cancer, division de l'Ontario. Bill avait suivi Terry dans son périple et planifié ses apparitions publiques en Ontario. Comme tout le monde, il a été atterré par la récidive du cancer de Terry.

Mais à proximité de Thunder Bay se manifestent soudain une toux et des douleurs à la poitrine. Terry demande à Doug de le conduire à l'hôpital. Avant même d'avoir passé le moindre test, Terry sait déjà ce qui l'attend.

Il a vu juste : le cancer est revenu. Cette fois, ses poumons sont atteints.

« Je me suis dit... il y a quelque chose qui ne va pas. C'est peut-être le dernier kilomètre. »

Le jour même, de retour à New Westminster, en Colombie-Britannique, Terry, sa mère et son père donnent une conférence de presse à l'hôpital Royal Columbian. Bien que Darryl Sittler, les Maple Leafs de Toronto et la LNH aient proposé de terminer le marathon pour lui, Terry a déclaré à tout le pays qu'il le ferait lui-même un jour.

Ses parents à ses côtés, Terry annonce la nouvelle aux Canadiens lors d'une conférence de presse. La nation est sous le choc. Terry a déjà franchi 5 565 kilomètres en seulement 143 jours et cette rechute paraît tellement injuste! Pourtant, Terry sait bien que le cancer n'a rien à voir avec la justice; ce qui lui arrive peut arriver à n'importe qui, mais désormais, les gens comprendront exactement ce que signifie souffrir du cancer. Terry a fait de son mieux pour traverser le Canada; il fera maintenant de son mieux pour lutter contre le cancer et terminer un jour le périple qu'il a entrepris.

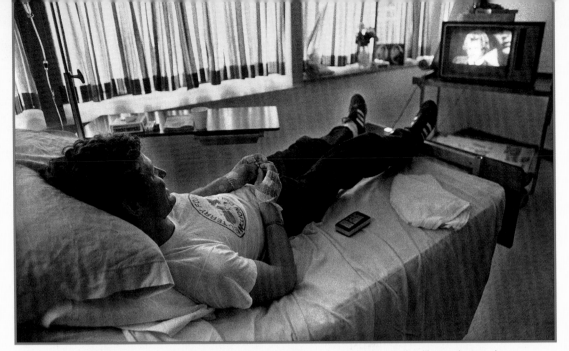

Le 7 septembre 1980, Terry, qui subit de nouveau la chimiothérapie, repose sur son lit d'hôpital, vêtu de son t-shirt du Marathon de l'espoir. Il regarde une émission spéciale sur CTV qui permettra d'amasser 10 500 000 $ pour la recherche contre le cancer.

Les jeunes étaient de fervents partisans de Terry durant son marathon. Ils l'ont soutenu et ont continué à amasser des fonds tandis qu'il luttait de nouveau contre le cancer.

Des macarons comme celui-ci permettaient aux gens de témoigner leur soutien à Terry et au Marathon de l'espoir.

Terry a rencontré Isadore Sharp lorsqu'il a traversé Montréal. Sharp, un philanthrope montréalais dont le fils adolescent était mort du cancer, a organisé une levée de fonds parmi les gens d'affaires de sa ville. Sa devise était : « Faisons en sorte que la course de Terry compte vraiment. » Plus tard, Sharp a assuré à Terry qu'une course annuelle serait organisée en son nom. Sharp est toujours l'un des administrateurs de la Fondation Terry Fox.

Les paroles de Terry ont secoué le pays. Tandis qu'il subit de nouveau la chimiothérapie, les Canadiens donnent généreusement. On diffuse un téléthon. On organise des marches, des courses, des soirées de danse et des spectacles. Les compagnies font don de sommes colossales et des enfants vendent de la limonade. En février 1981, la course de Terry et la générosité qu'il a inspirée ont permis d'amasser plus de 24 millions de dollars, exactement comme il en avait rêvé.

« **Il va falloir que nous travaillions très fort pour vaincre, plus fort encore que nous ne l'avons jamais fait.** »

Terry est assis chez lui, après avoir assisté, le 18 septembre 1980, à une cérémonie spéciale au cours de laquelle il a été nommé Compagnon de l'Ordre du Canada. Il demeure la plus jeune personne à avoir reçu un tel honneur. Le 21 octobre, on lui décerne l'ordre de Dogwood, le plus grand honneur pouvant être attribué à un citoyen de la Colombie-Britannique. Depuis sa mort, on a donné son nom à de nombreuses écoles à travers le Canada, à des parcs, à un brise-glace et même à une montagne de la Colombie-Britannique.

Les honneurs pleuvent sur Terry. On lui fait parvenir des milliers de lettres et de télégrammes d'encouragement, du Canada et des quatre coins du monde, dans sa chambre d'hôpital et chez lui. Les gens continuent à l'assurer de leur soutien, lui répétant qu'il ne doit pas renoncer et qu'il peut y arriver. Terry lutte pour vaincre le cancer. Il se bat comme jamais il ne s'est battu auparavant, mais certaines choses ne sont tout simplement pas destinées à se réaliser, peu importe à quel point on les désire. Entouré des siens, Terry s'éteint le 28 juin 1981, juste avant l'aube, à l'heure tranquille et paisible où il aimait tant courir.

« Même si je ne termine pas, il faut que d'autres continuent. Il faut que ça se poursuive sans moi. »

MR TERRY FOX
℅ ROYAL COLUMBIAN HOSPITAL
NEW WESTMINSTER
B.C.

DEAR TERRY

I LOVE YOU. I KNOW YOU
HAD A HARD TIME RUNNING
AND I HOPE YOU GET BETTER
BE CAREFUL WITH YOUR LEG.

LOVE STEFAN

Terry,
me beaucoup. Je sais que tu as eu de la difficulté
rir et j'espère que tu vas guérir. Fais attention à ta

Affectueusement,
Stefan]

Les funérailles de Terry, le 2 juillet 1981, ont rassemblé le pays dans la peine. Terry a été inhumé au cimetière de Port Coquitlam, où il repose en paix, non loin de son poste d'observation favori, un endroit tranquille où il aimait parfois aller se recueillir. Des monuments à la mémoire de Terry ont été érigés à St. John's, à Terre-Neuve, à Vancouver et à Port Coquitlam, en Colombie-Britannique et à Ottawa. Celui-ci se trouve à Thunder Bay, en Ontario.

L'espoir ne fait pas beaucoup de bruit, mais quand un rêve est suffisamment tenace, l'espoir peut grandir et grandir jusqu'à toucher tout le monde. Le Marathon de l'espoir de Terry Fox n'a pas pris fin ce matin-là. Des gens courent toujours pour concrétiser son rêve, des gens qui croient aux miracles, des gens qui, comme Terry, ont la certitude que tout est possible quand on s'y met. Et parce que Terry Fox a tout donné, parce qu'il a couru son marathon et qu'il nous a offert le précieux cadeau qu'est l'espoir, un jour, on trouvera un traitement contre le cancer.

Un jour, la souffrance s'arrêtera.

Le 4 avril 2005, la Monnaie royale canadienne a créé une pièce de un dollar à l'effigie de Terry, à l'occasion du 25e anniversaire de son Marathon de l'espoir.

« Même si je ne cours plus, nous devons continuer à essayer de trouver un remède contre le cancer. D'autres devraient prendre la relève maintenant et proposer leurs propres idées. »

Des étudiants défilent sur Main Street à Humboldt, en Saskatchewan, en septembre 2004, pour promouvoir la course annuelle Terry Fox.

Avant sa mort, Terry Fox savait qu'on organiserait un événement afin de commémorer les efforts qu'il avait faits dans le but d'amasser des fonds pour la lutte contre le cancer. Comme Isadore Sharp le lui avait promis, la course Terry Fox a été créée pour perpétuer le Marathon de l'espoir. Elle s'est déroulée pour la première fois en 1981, et a attiré à travers le Canada 300 000 participants qui ont marché, roulé (en fauteuil roulant) ou couru et récolté 3 500 000 $ pour la cause. Depuis ce jour, au Canada, la course Terry Fox a lieu tous les ans en septembre, généralement le deuxième dimanche après la fête du Travail. Des familles, des associations, des écoles et des personnes seules se rassemblent pour prendre part à cet événement non compétitif qui se déroule grâce à des milliers de bénévoles. Il n'y a pas de frais d'inscription et pas de prix non plus. L'essentiel, c'est que les gens poursuivent le rêve de Terry. On organise maintenant des courses Terry Fox partout à travers le monde, dans des endroits comme l'Inde et l'Irlande. Depuis le Marathon de l'espoir de Terry, plus de 350 millions de dollars ont été recueillis. La Fondation Terry Fox, organisme indépendant sans but lucratif, a été créée en 1988 pour distribuer les fonds amassés au nom de Terry Fox et destinés à la recherche contre le cancer.

Pour en savoir davantage sur la course Terry Fox et la Fondation Terry Fox, rendez-vous sur le site suivant : www.journeeterryfox.org, ou appelez, sans frais, le 1 888 836-9786.

Des souvenirs du Marathon de l'espoir sont exposés à la bibliothèque Terry Fox de Port Coquitlam et au Temple de la renommée de la Colombie-Britannique (galerie Terry Fox) à Vancouver.

Ce livre est pour Carla Mota, Russ Lesperance et Marilyn McCormick.
Il est pour Mike Pastorius et sa remarquable famille.
Il est pour tous ceux qui ont un jour été éprouvés par le cancer.

Mes remerciements à la famille Fox pour sa généreuse collaboration et à mon agente, Lynn Bennett pour son appui. Merci également à Andrea Casault, Diane Kerner, Heather Patterson, Solange Champagne-Cowle et à tous les membres du personnel de Scholastic qui ont fait en sorte que ce livre voie le jour.

— M.T.

Catalogage avant publication de Bibliothèque et Archives Canada

Trottier, Maxine
    Le courage de Terry Fox / Maxine Trottier; texte français de Louise Binette.

Traduction de : Terry Fox.
ISBN 0-439-94889-4

    1. Fox, Terry, 1958-1981 – Ouvrages pour la jeunesse.
2. Cancéreux – Biographies – Ouvrages pour la jeunesse.
3. Coureurs – Canada – Biographies – Ouvrages pour la jeunesse. I. Binette, Louise II. Titre.

RC265.6.F68T7614 2005   j362.196'994'0092
C2005-904377-6

Édition publiée par les Éditions Scholastic,
175 Hillmount Road, Markham (Ontario) L6C 1Z7
CANADA.

6 5 4 3 2 1   Imprimé au Canada   05 06 07 08

L'éditeur a fait tout en son pouvoir pour trouver le détenteur du copyright de tout matériel visuel et écrit utilisé dans le livre, et serait heureux qu'on lui signale toute erreur ou toute omission.

Toutes les photos et autres documents proviennent des archives de la famille Fox et de la Fondation Terry Fox, sauf les suivants :

Arrondissement de Scarborough : p. 1
Université Simon Fraser : p. 8 (en haut, à gauche)
Gracieuseté du *Vancouver Sun* : p. 10 (à droite)
Gail Harvey : couverture, p. 19 (en haut, à gauche, et en bas), p. 27
Marnie North : p. 20
CP Archive : p. 21, p. 24 (en haut), p. 28 (en haut), quatrième de couverture
Gracieuseté du *Toronto Star* : p. 22 (à gauche) Boris Spremo; p. 22 (à droite) David Cooper; p. 24 (en bas, à gauche) Erin Combs
Gracieuseté du *Vancouver Province* : p. 23
Musée canadien des civilisations : p. 24 (macaron)
Image de pièce © gracieuseté de la Monnaie royale canadienne : p. 28
Rob Muench : p. 29